Stationenlernen im Musikunterricht

Strawinsky

von

Heidi Thum-Gabler

© 2002 Lugert Verlag GmbH & Co. KG
D-21436 Oldershausen
Druck: Druckhaus Mölln
ISBN 3-89760-226-1

Inhalt

Zur Einführung in den Lernzirkel „Strawinsky" 4

Arbeitsblätter

Laufzettel zum Lernzirkel „Strawinsky" 7

Station 1 Modernes Leben 8

Station 2 Expressionismus 10

Station 3 Weltbürger Strawinsky 12

Station 4 Das „Russische Ballett" 14

Station 5 „Der Feuervogel" – ein getanztes Märchen 16

Station 6 Der Skandal: „Das Frühlingsopfer" 19

Station 6/2 Strawinsky – holprig und schräg? 20

Station 7 Neoklassizismus und Verfremdung 22

Station 8 Eine Szene gestalten: Erwachen der Steinmenschen (Ein Projekt) 23

Station 9 Collage für Rhythmusinstrumente 24

Station 10 „Karawane" – ein Gedicht wird lebendig 26

Station 11 Einen Walzer verfremden mithilfe des Computers 27

Station 12 Musik als Bild 28

Lösungen zu den Pflichtaufgaben 1–7 29

Inhalt der Hybrid-CD 32

Zur Einführung in den Lernzirkel „Strawinsky"

Stationenlernen – was ist das?

Zu den Unterrichtsformen, die seit einiger Zeit neu bzw. wieder entdeckt worden sind, gehört das so genannte Stationenlernen (Lernzirkel). Es bietet vielfältige Einsatzmöglichkeiten im Unterricht und ist deshalb eine Ergänzung zum klassischen Frontalunterricht.
Außer dem Vermitteln von Lerninhalten sind die Eigenschaften Teamfähigkeit, Selbstständigkeit und Kreativität gefragt. Vor allem soll hierbei das eigenständige Lernen gefördert werden, darunter auch das Knowhow, sich Informationen aus den entsprechenden Quellen beschaffen zu können.
Stationenlernen bedeutet, dass die Lerninhalte in verschiedenen Stationen aufbereitet sind. Die Schülerinnen und Schüler finden in jeder Station Informationen und Aufgaben vor, ebenso Zusatzmaterialien oder Hinweise, wo diese zu beschaffen sind. Nachdem sie eine Station selbstständig bearbeitet haben, überprüfen sie ihre Ergebnisse mit dem Lösungsblatt, das bei der Lehrkraft bleibt oder an einem Service-Point ausliegt.
Der Lernzirkel lässt die verschiedensten Organisationsformen zu. An den Stationen wird in Gruppen-, Partner- oder Einzelarbeit gelernt und geübt.

Was Sie beachten sollten:

- Mein Tipp: Legen Sie am Anfang eine maximale Gruppengröße (2–3) fest, aber zwingen Sie niemanden zur Gruppenarbeit. Es hat sich gezeigt, dass besonders leistungsstarke Schülerinnen und Schüler dadurch stark gebremst werden und das Interesse an dieser Arbeitsform verlieren.

- Neben einem Pflichtprogramm sind frei wählbare Stationen möglich. Legen Sie die Pflichtstationen je nach Klassenstärke mehrmals aus, um Engpässe zu vermeiden. In der Regel reichen zwei Ausgaben. Jedem Schüler im Team sollte eine Vorlage zur Verfügung stehen. Das Material hält länger, wenn Sie es laminieren! Es genügt eine CD pro Station.

- Es ist empfehlenswert, in der ersten Stunde den Zirkel optisch ansprechend aufzubauen, um Neugier zu wecken und zu motivieren.

- Nehmen Sie sich Zeit den Zirkel einzuführen und klären Sie, dass
  - ein Zirkel Freiheiten gewährt, aber keine Freizeit bedeutet,
  - Unterhaltung erlaubt ist, sich der Geräuschpegel aber in Grenzen halten muss,
  - das Material in ordentlichem Zustand zurückgegeben wird,
  - genügend Discmen, entsprechende Medien und Instrumente zur Verfügung stehen,
  - Sie eventuell einen zusätzlichen Raum für praktische Aufgaben benötigen,
  - für einen reibungslosen Auf- und Abbau der Stationen bei Stundenbeginn bzw. -ende gesorgt wird,
  - der Laufzettel als Nachweis für die erarbeiteten Stationen dient (Datum eintragen!) und auf dieser Basis abgefragt werden kann,
  - der Zirkel innerhalb eines bestimmten vorgegebenen Zeitraums zu schaffen ist.

Die Notenfrage

Gegen die Verwendung der Unterrichtsform „Stationenlernen" wird gelegentlich eingewandt, dass keine Leistungserhebung möglich ist, was im Musikunterricht, wo meistens nur eine bis zwei Wochenstunden zur Verfügung stehen, Schwierigkeiten bereiten könnte. Ein Gegenargument: Ein Schüler/eine Schülerin darf über die Inhalte der letzten Unterrichtsstunde (in diesem Fall der bearbeiteten Stationen) befragt werden, allerdings nicht vor der ganzen Gruppe, sondern in einem Zwiegespräch beim Lehrerpult, was viele Schüler als sehr angenehm empfinden. Bei dieser Gelegenheit ist es ratsam, den Laufzettel und die Aufzeichnungen zu kontrollieren. Falls Sie nicht gerade als wandelndes Lexikon gefragt sind oder sonst Hilfestellungen leisten, können Sie auf diese Weise in einer Unterrichtsstunde sogar mehrere Schüler abfragen. Es spricht auch nichts dagegen, nach einer vertiefenden / ergänzenden Wiederholungsstunde im Klassenplenum eine Stegreifaufgabe zu schreiben.

Lernzirkel „Strawinsky"

Der Lernzirkel „Strawinsky" ist für die Sekundarstufe I gedacht, einige Stationen können aber auch in höheren Klassen eingesetzt werden. Zur Durchführung werden etwa fünf Unterrichtsstunden benötigt. Zwei bis drei Pflichtstationen könnten in einer Unterrichtsstunde bearbeitet werden. In den Pflichtstationen wollte ich den Künstler Strawinsky im zeitgeschichtlichen Kontext darstellen und die Schüler und Schülerinnen auf verschiedenen Wegen ansprechen.
Für die Wahlstationen muss mehr Zeit zur Verfügung gestellt werden, denn die Schüler widmen sich den praktischen Aufgaben meist sehr gerne. Bei der Konzeption des Zirkels war mir daher sehr viel daran gelegen, die unterschiedlichen Begabungen anzusprechen: Experimentieren mit Sprache und Bewegung, künstlerisches Gestalten, der Umgang mit dem PC und natürlich auch eine Aufgabe für die, die mit dem Material Musik umzugehen verstehen.
Sehr positiv wird von den Schülerinnen und Schülern aufgenommen, wenn sie die Möglichkeit erhalten, die Ergebnisse ihrer bearbeiteten Wahlstationen vorzutragen. Das kann entweder am Ende jeder Unterrichtseinheit geschehen, oder in einer eigens dafür vorgesehenen Stunde.
Die Station 8 „eine Szene gestalten" erfordert große Kooperationsbereitschaft von den Schülern. Hier wird Ihre Hilfe gefragt sein! Diese Station eignet sich aber auch als Abschlussprojekt für die ganze Klasse am Ende des Zirkels unter Anleitung der Lehrkraft. Es ist nicht auszuschließen, dass daraus eine Szene entsteht, die zum Beispiel an einem Elternabend vorgeführt werden kann.
Der Lernzirkel „Strawinsky" ist eine in sich geschlossene Einheit, trotzdem ist es Ihnen überlassen, ob Sie alle Stationen bearbeiten wollen, oder nur eine Auswahl treffen.
Zum Schluss noch ein kleiner Tipp: Das Material des Zirkels eignet sich auch für den Frontalunterricht. Kombinieren Sie dafür eine oder auch zwei Pflichtstationen mit der entsprechenden Wahlstation.

Viel Spaß und Erfolg beim Lernen!

Heidi Thum-Gabler

Pablo Picasso: Igor Strawinsky, © VG Bild-Kunst, Bonn 2002

Laufzettel zum Lernzirkel „Strawinsky"

Pflichtstationen

Station 1	Modernes Leben	bearbeitet am:
Station 2	Expressionismus	bearbeitet am:
Station 3	Weltbürger Strawinsky	bearbeitet am:
Station 4	Das „Russische Ballett"	bearbeitet am:
Station 5	„Der Feuervogel" – ein getanztes Märchen	bearbeitet am:
Station 6	Der Skandal: „Das Frühlingsopfer"	bearbeitet am:
Station 6/2	Strawinsky – holprig und schräg?	bearbeitet am:
Station 7	Neoklassizismus und Verfremdung	bearbeitet am:

Wahlstationen: Bearbeite eine der Stationen 8 bis 12!

Station 8	Eine Szene gestalten: Erwachen der Steinmenschen (Ein Projekt)	bearbeitet am:
Station 9	Collage für Rhythmusinstrumente	bearbeitet am:
Station 10	„Karawane" – ein Gedicht wird lebendig	bearbeitet am:
Station 11	Einen Walzer verfremden mithilfe des Computers	bearbeitet am:
Station 12	Musik als Bild	bearbeitet am:

Die Stationen 1 bis 7 werden von allen bearbeitet. Wähle eine praktische Aufgabe aus den Stationen 8 bis 12. Die Ergebnisse werden am Ende des Lernzirkels vorgetragen. Mindestens zwei Stationen des ersten Teils sollten pro Unterrichtsstunde bearbeitet werden. Trage die Lösungen zu allen Stationen von 1 bis 7 in dein Skript unter der jeweiligen Überschrift ein, auf dem Laufzettel vermerkst du das Datum.
Die Arbeitsmaterialien bitte sehr pfleglich behandeln!

Station 1

Modernes Leben

Im 20. Jahrhundert hat sich die Welt so schnell und tiefgreifend verändert wie nie zuvor, vor allem im Bereich der Technik und der Wissenschaft. Die Erneuerungen sind nicht mehr überschaubar, in vielen Bereichen haben sie unser Leben entscheidend geprägt. Trotz aller neuer Erkenntnisse ist das Leben auf der Erde im 20. und 21. Jahrhundert von Extremen wie Armut, Umweltkatastrophen, Kriegen und Gewalt geprägt.

Aufgabe
Im folgenden Rätsel geht es um Erfindungen der ersten Hälfte des 20. Jahrhunderts. Du siehst eine Auflistung der Erfindungen. Trage sie in die entsprechenden Kästchen zu den richtigen Jahreszahlen ein und notiere das Lösungswort, das sich daraus ergibt.

Eines der frühen Fluggeräte der Brüder Wright,
© Ullstein Bilderdienst

Station 1

Buchstabenrätsel

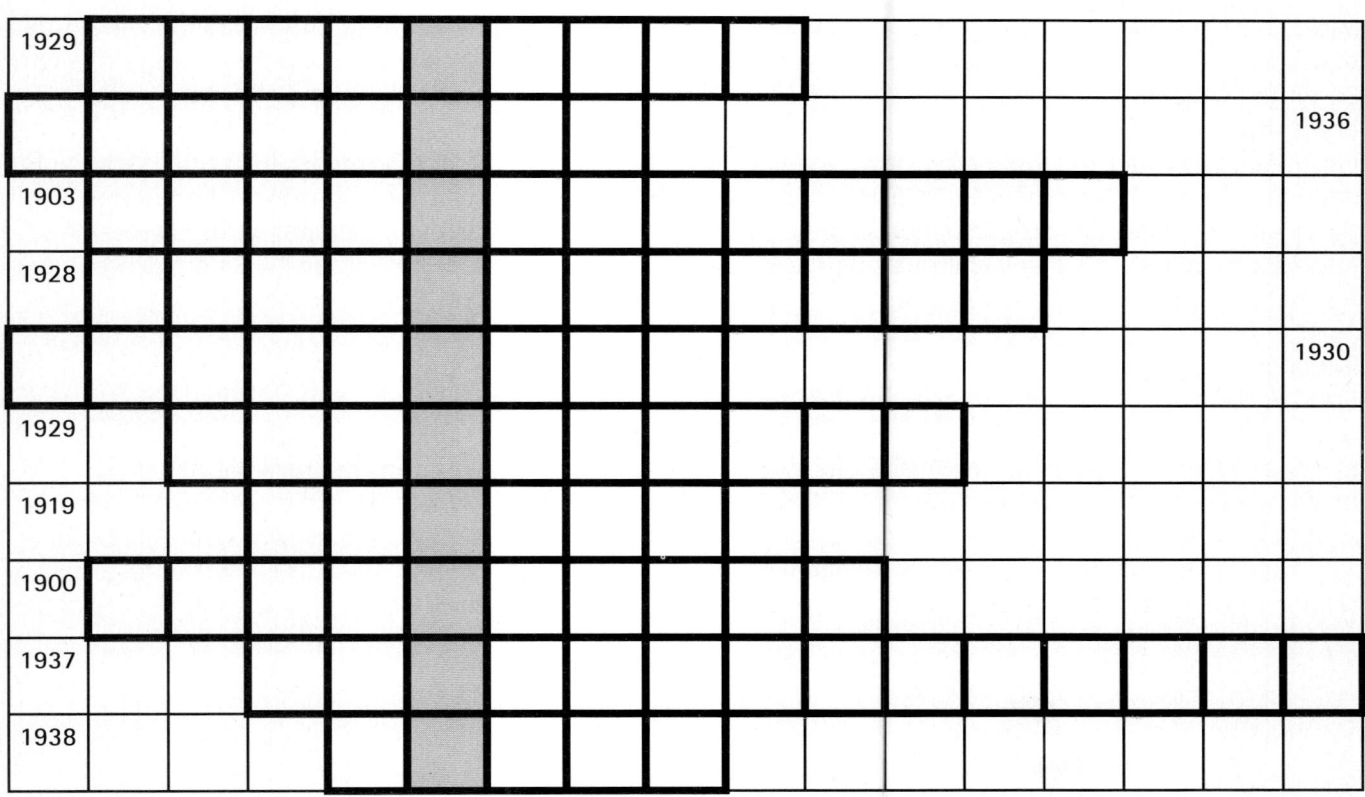

Erfindungen in der ersten Hälfte des 20. Jahrhunderts:

5 Buchstaben:	Nylon
7 Buchstaben:	Tonfilm
8 Buchstaben:	Computer
9 Buchstaben:	Fernseher
	Triebwerk
10 Buchstaben:	Penicillin
	Luftschiff
12 Buchstaben:	Tonbandgerät
13 Buchstaben:	Motorflugzeug
14 Buchstaben:	Raketenantrieb

Lösungswort (senkrechte, dunkelgefärbte Spalte):

Station 2

Expressionismus

Mit dem beginnenden 20. Jahrhundert reagierten viele Autoren, bildende Künstler und Komponisten auf das durch die Technik dominierte Leben. Sie begaben sich auf die Suche nach neuen Gestaltungsmöglichkeiten. So entfernten sich zum Beispiel manche Maler von der naturgetreuen Darstellung und suchten den Ausdruck in abstrakten Formen.
Ein berühmter Maler des frühen 20. Jahrhunderts war Pablo Picasso. Er fand Vorbilder für seine Werke unter anderem in der afrikanischen Kunst und in der Geometrie. Picasso war mit Igor Strawinsky befreundet. Beide sind Künstler des so genannten Expressionismus, wie diese Stilrichtung genannt wird. Expressionismus kommt aus dem Lateinischen und bedeutet „Ausdruck". Die expressionistischen Künstler suchten nach Ausdruckssteigerung mit allen Mitteln.

Aufgabe
Sieh dir das Bild „Drei Musikanten" von Pablo Picasso an. Es entstand 1921.

a) Beschreibe die Figuren auf dem Bild und wie sie auf dich wirken – welchen Ausdruck sie haben.
b) Wie stellst du dir die Musik vor, die zu diesem Bild passen könnte? Wähle dazu die entsprechenden Adjektive und Begriffe aus: harmonisch, melodiös, zerschnitten, dissonant, tänzerisch, wechselnde Taktarten, geräuschhaft, leise, extreme Dynamik.
c) Trage dann die folgende Begriffserklärung zu Expressionismus in dein Heft ein und vervollständige sie.

Expressionismus

Eine wichtige künstlerische Stilepoche des beginnenden 20. Jahrhunderts wird als Expressionismus (lat. expressio = A_____) bezeichnet. Schriftsteller, bildende K_____, wie zum Beispiel Pablo Picasso und K_____, haben auf die Technisierung der Umwelt reagiert und in ihren Werken nach neuen Ausdrucksmöglichkeiten gesucht. Dabei experimentierten sie mit den verschiedensten Mitteln.

Station 2

Pablo Picasso: Drei Musikanten, © VG Bild-Kunst, Bonn 2002

Station 3

Weltbürger Strawinsky

Igor Strawinsky wird 1882 in der Nähe von St. Petersburg geboren. 1914 verlässt er Russland endgültig und lebt danach erst in der Schweiz und später in Frankreich. 1945 erhält der Komponist die amerikanische Staatsbürgerschaft. Er stirbt 1971 in New York, wird aber in Venedig beigesetzt. Auf zahlreichen Konzerttourneen trat Strawinsky als Dirigent und auch als Pianist auf. Er komponierte in vielen verschiedenen Stilen, ein Grund dafür ist sicherlich sein Weltbürgertum.
Hier sind Stationen aus seinem Leben:

1882	in Oranienbaum bei St. Petersburg (Russland) geboren
1891	erster Klavierunterricht
1895	erste Kompositionen
1897 bis 1905	Jurastudium und Musikstudium
1910 bis 1913	Uraufführungen der Ballette „Der Feuervogel", „Petruschka", „Das Frühlingsopfer"
1910 bis 1920	Wohnsitz in der Schweiz
1923	Wohnsitz in Nizza
1934	Wohnsitz in Paris, Strawinsky erhält die französische Staatsbürgerschaft
1939	Nach der Besetzung Frankreichs durch die Nationalsozialisten lässt er sich in den USA nieder. Wohnsitz in Hollywood. Es entstehen Kompositionen für den Film
1962	nach vielen Jahren Reise in sein Heimatland Russland
1967	Verleihung der Ehrendoktorwürde der Universität in New Jersey
1969	Übersiedlung nach New York
1971	Strawinsky stirbt in New York, wird aber auf der Friedhofsinsel San Michele bei Venedig begraben

Aufgabe:
Suche auf einer Weltkarte die Orte, an denen Igor Strawinsky längere Zeit gelebt hat.
Ergänze in deiner Zeittafel die entsprechenden Lebensdaten. Nimm einen Atlas zu Hilfe!

Station 3

Igor Strawinsky (1882–1971)

1882
Igor Feodorowitsch Strawinsky wird in Oranienbaum bei St. Petersburg geboren. Sein Vater war ein bedeutender Sänger an der Kaiserlichen Oper.

ab 18___
Studium der Rechtswissenschaften in St. Petersburg

ab 1903
Musikstudium in St. Petersburg

ab 1908
Strawinsky beginnt, für das „Russische Ballett" von Sergej Diaghilew zu komponieren. Es entstehen unter anderem die Ballette „Der Feuervogel" (1910), „Petruschka" (1911) und „Das Frühlingsopfer" (1913).

1910–1920
Aufenthalt in der Schweiz. Strawinsky kehrt nach der Russischen Revolution nicht mehr in seine Heimat zurück.

1913
Die Uraufführung des Balletts „Das Frühlingsopfer" in Paris verursacht einen der größten Theaterskandale.

1920–1922
Die Uraufführungen des Balletts „Pulcinella" (1920) und der Oper „Mavra" (1922) in Paris zeigen Strawinskys neuen Stil: den Neoklassizismus.

19___
Wohnsitz in Nizza

19___
Wohnsitz in Paris, Strawinsky erhält die französische Staatsbürgerschaft.

19___
Nach der Besetzung Frankreichs durch die Nationalsozialisten lässt er sich in den USA nieder.

19___
Strawinsky besucht nach Jahren erstmals wieder Russland.

19___
Verleihung der Ehrendoktorwürde der Rutgers-Universität in New Jersey / USA.

1971
Am 6. April stirbt Igor Strawinsky in New York und wird in Venedig beigesetzt.

Werke (Auswahl): ...

Station 4

Das „Russische Ballett"

Wegweisend für die Karriere Strawinskys war die Zusammenarbeit mit dem Russen Sergej Diaghilew. Dieser war ein besonderer Förderer von Musik und Malerei und ein Organisator von Kunstausstellungen und Konzerten. Unter Diaghilews Leitung entstand die berühmteste Balletttruppe der Zeit: das „Russische Ballett" (Ballets russes). Sie brachte einen ganz neuen Tanzstil auf die Bühne: ausdrucksstark, wild, ursprünglich, nach eigenwilligen Rhythmen. Musik, Bewegung, Kostüme und Bühnenbild wurden genau aufeinander abgestimmt und als künstlerische Einheit betrachtet. Viele bedeutende Komponisten schrieben Werke eigens für das „Russische Ballett"; auch Igor Strawinsky. Weltberühmt wurden seine Ballette „Der Feuervogel", „Petruschka" und „Das Frühlingsopfer".

Aufgabe:
Du siehst zwei Gemälde, die Tanz darstellen. Ein Bild stammt aus der Zeit des Expressionismus. So nennt man die künstlerische Stilrichtung, zu der auch Strawinskys Werke gezählt werden. Du hast nun die Wahl zwischen zwei Hörbeispielen (H1 + H2). Ordne jedem Bild ein Hörbeispiel zu. Welches Hörbeispiel könnte von Strawinsky sein? Begründe deine Entscheidung! In deine Zeittafel trägst du die drei Ballette ein.

Emil Nolde: Tanz um das goldene Kalb, © Nolde-Stiftung Seebühl mit freundlicher Genehmigung

Station 4

Edgar Degas: Der Stern (Tänzerin)

Station 5

„Der Feuervogel" – ein getanztes Märchen

Die Handlung von Strawinskys Ballett „Der Feuervogel" geht zurück auf ein russisches Märchen:

Prinz Iwan sieht eines Tages einen schönen Feuervogel und verfolgt ihn bis in das Reich des bösen Zauberers Kastschej. Endlich fängt Iwan den Vogel, hat aber Mitleid mit ihm und lässt ihn wieder frei. Zum Dank gibt ihm der Feuervogel eine goldene Feder, die Iwan schwingen soll, wenn er Hilfe brauche.
Der Prinz wagt sich weiter in das Reich Kastschejs. In einem Garten erblickt er dreizehn gefangene Prinzessinnen, die um einen Baum mit goldenen Äpfeln tanzen, und verliebt sich in eine. Er beschließt, trotz der Warnungen der Prinzessinnen zu bleiben.
Auf einmal erscheint Kastschej in Begleitung seiner Ungeheuer. Als er den Prinzen – wie viele Männer zuvor – zu Stein verwandeln will, schwingt dieser die goldene Feder. Der Feuervogel fliegt herbei und zwingt den Zauberer und die Ungeheuer zu einem rasenden Tanz, der in Erschöpfung endet. Er zeigt Iwan, wo das Lebensei Kastschejs liegt. Als der Prinz das Lebensei zerschlägt, stirbt der Zauberer und mit ihm seine Macht. Die Prinzessinnen sind befreit und die versteinerten Menschen werden entzaubert.

Aufgabe:
Du hörst drei Ausschnitte aus dem Feuervogel (H3, 4 + 5). Versuche das entsprechende Notenbild den folgenden Szenen zuzuordnen:

- Tanz des Feuervogels
- Der nächtliche Reigen der Prinzessinnen
- Höllentanz des Zauberers Kastschej

Höre nochmals genau hin! Welche musikalischen Mittel setzt Strawinsky bei den einzelnen Szenen ein? Notiere die Begriffe zum jeweiligen Notenbild!

- Staccato = kurze, voneinander abgesetzte Töne
- Pizzicato = von Streichinstrumenten gespielte Töne, die gezupft werden
- Triller = Verzierungen
- Tremolo = sehr schnelle Tonwiederholungen
- Russische Volksliedmelodie auf wechselnden Instrumenten
- Markante, synkopierte Rhythmen (Synkope = Verschiebung der Betonungen)

Station 5

Beispiel 1

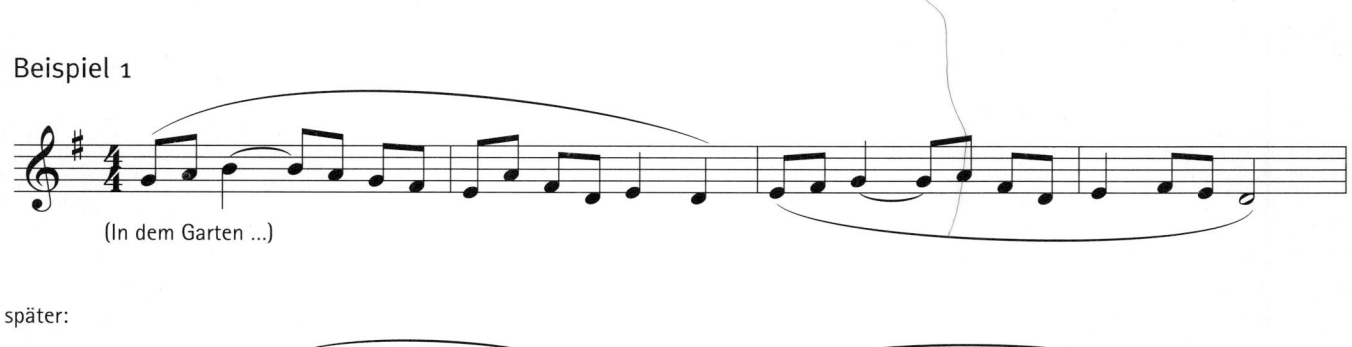

(In dem Garten ...)

später:

Beispiel 2

Der Zauberer Kastschej (Figurine von Natalia Gontscharowa),
© VG Bild-Kunst, Bonn 2002

Station 5

Beispiel 3

Igor Strawinsky

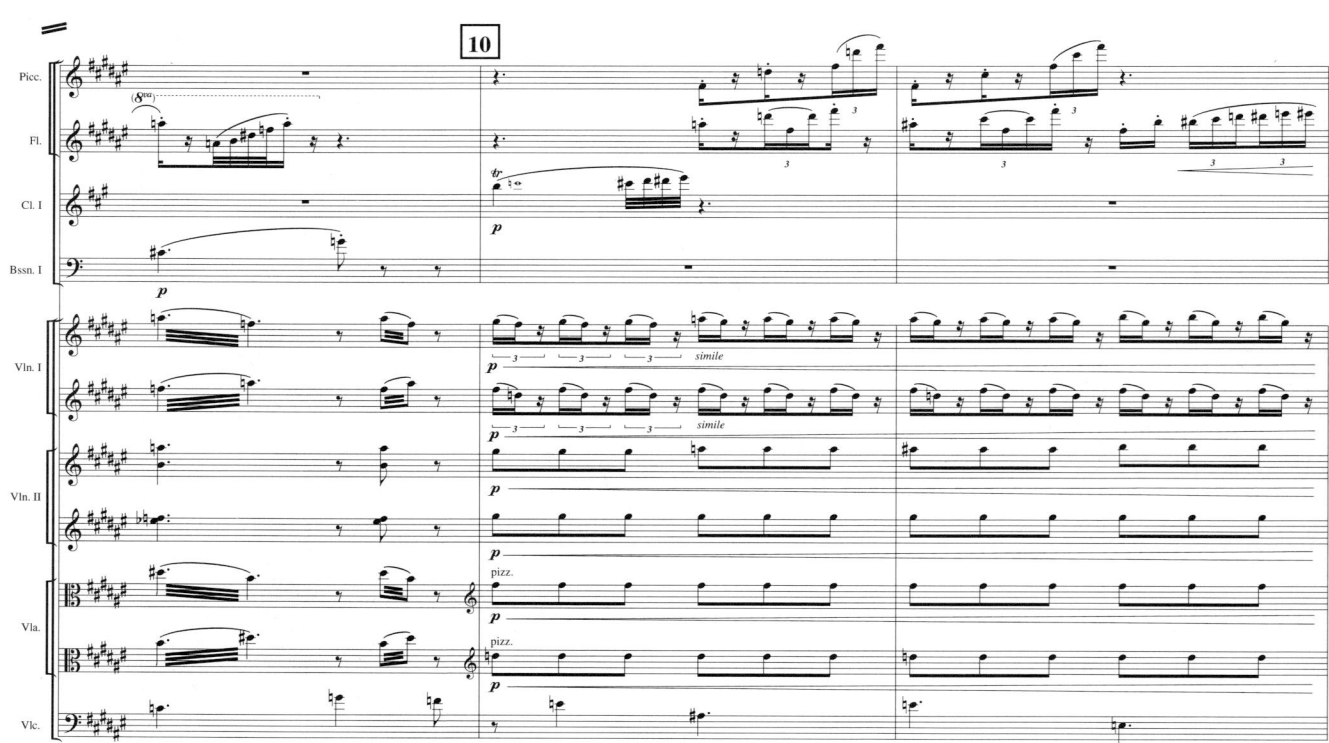

© Schott Musik International, Mainz

Station 6

Der Skandal: „Das Frühlingsopfer"

Für das Ballett „Das Frühlingsopfer" entwickelte Strawinsky die Idee einer großen heidnischen Frühlingsfeier im alten Russland. Das Stück besteht aus einer Reihe von Riten und mystischen Tänzen, in denen die Menschen das Erwachen der Natur im Frühling feiern. Als Höhepunkt der Feierlichkeiten wird ein junges Mädchen ausgewählt, das der Erde geopfert werden soll. Sie tanzt ihren Opfertanz solange, bis sie tot zusammenbricht.

Die Musik, die Strawinsky schrieb, erforderte umwälzende Neuerungen in der tänzerischen Umsetzung. Als „Das Frühlingsopfer" am 29. Mai 1913 in Paris zum ersten Mal gezeigt wurde, gab es einen Skandal. Augenzeugen berichteten:

Eric Walter White (Musikwissenschaftler):
„Das Ballett schien von Anfang an unter einem bösen Stern zu stehen. Während die Einleitung gespielt wurde, brach das Publikum in Gelächter aus ..."
„... und mitgerissen von wütender Begeisterung fingen sie an, bald nachdem sich der Vorhang geöffnet hatte, zu miauen und laute Vorschläge über den Fortgang der Vorstellung zu machen."

Romola Pulsky (Zuschauerin):
„In diesem unbeschreiblichen Lärm befahl Astruc (der Intendant) das Licht auszumachen; nun beschränkten sich Kampf und Streit nicht mehr nur auf Geräusche, sondern arteten in richtige Schlägerei aus. Eine gut gekleidete Dame in der Orchesterloge stand auf und schlug einem jungen Mann, der in der nächsten Loge saß, ins Gesicht ... Mittlerweile herrschte auf der Bühne die größte Konfusion. Die Tänzer zitterten und waren den Tränen nahe."

Einige Jahre später wurde „Das Frühlingsopfer" zum Erfolg und ist seitdem eines der berühmtesten Werke Strawinskys und auch des 20. Jahrhunderts.

Aufgabe

a) Hört einen Ausschnitt (H 6) aus dem „Frühlingsopfer", überlegt und diskutiert, warum dieses Stück damals das Publikum so schockieren konnte. Bezieht in eure Überlegungen sowohl den Inhalt der Handlung als auch die Wirkung der Musik mit ein. Warum konnte dieses Werk später zum Erfolg werden?

b) Der Frühling wird bei vielen Völkern der Erde mit besonderen Feiern und Riten willkommen geheißen. Welche Frühlingsrituale kennt ihr?

Station 6/2

Strawinsky – holprig und schräg?

In einigen seiner Werke behandelt Strawinsky das Orchester fast so wie ein großes Schlagzeug. Strawinsky war für seine Zeit besonders experimentierfreudig und mutig und probierte viel mit Rhythmus und Harmonik aus (wir empfinden das oft als dissonant, das heißt schräg, auseinander klingend). Man kann dies zum Beispiel anhand eines Ausschnitts aus der Partitur des „Frühlingsopfers" sehen.

Aufgaben:

a) Zählt die Taktarten auf, die ihr kennt.

b) Schreibt die im Notenbeispiel vorkommenden Taktarten auf. Unterstreicht die asymmetrischen Taktarten, also all diejenigen, die nicht in zwei gleiche Teile zu gliedern sind.

c) Was ist dissonant? Untersucht dazu den Klang, der im ersten System (je vier Stimmen gehören zusammen) links unter der Ziffer 143 abgebildet ist. Achtung! Ihr müsst die Töne von drei Notenzeilen berücksichtigen!

Strawinsky spielt „Das Frühlingsopfer"; Zeichnung von Jean Cocteau,
© VG Bild-Kunst, Bonn 2002

Station 6/2

aus dem „Frühlingsopfer" (T. 142 bis 147)

Igor Strawinsky

© 1921 Ed. Russe de Musique.
1947 to Boosey & Hawkes Inc. for all countries

Station 7

Neoklassizismus und Verfremdung

Kurze Zeit nach dem Skandalerfolg des „Frühlingsopfers" änderte Strawinsky seinen Kompositionsstil. Er nahm sich jeweils ein Modell aus der Musikgeschichte zum Vorbild für ein eigenes Stück. Das konnte zum Beispiel ein Walzer aus dem 19. Jh. oder ein Menuett aus dem 18. Jh. sein. Greift ein Komponist auf Werke vor dem 19. Jh. zurück, so spricht man von „Neoklassizismus". Strawinsky betrachtete die musikgeschichtlichen Modelle als äußere Form, die er mit seinem eigenen musikalischen Stil füllte. Vertraute Klangmodelle erklingen so in unerwartet veränderter Gestalt. Oft experimentierte er mit ungewöhnlichen Instrumentierungen, Spielweisen, rhythmischen und harmonischen Wendungen derart, dass ein bekanntes Klangmodell völlig fremd und andersartig wirkt. Diese Technik nennt man „Verfremdung".

Aufgabe
Übertrage den obigen Text in dein Heft und höre dir einen Ausschnitt aus der „Pulcinella Suite" (H 7), dann den Walzer aus „Die Geschichte vom Soldaten" (H 8) an. Welcher Begriff gehört zu welchem Hörbeispiel? Gib dazu eine kurze Begründung! Die beiden Werke trägst du dann in deine Zeittafel ein.

Auch Pablo Picasso malte alte Bilder nach, aber verfremdete sie dabei und schuf so etwas völlig Neues.

Pablo Picasso: Las Meninas nach Velázquez, 1957 (Ausschnitt),
© VG Bild-Kunst, Bonn 2002

Diego Velázquez: Las Meninas, 1656 (Ausschnitt)

Station 8

Eine Szene gestalten: Erwachen der Steinmenschen (Ein Projekt)

Für diese Station müssen sich mehrere Gruppen zusammenschließen, denn als Ergebnis sollte ein kleines Projekt entstehen. Am besten arbeiten drei Gruppen zusammen. Verteilt die Aufgaben so, dass eine Gruppe für die Musik, eine andere für die Bewegung und die dritte für den Text zuständig ist. Zunächst übt jede Gruppe für sich, anschließend setzt ihr das Ganze zu einer kleinen Szene zusammen, die ihr eurer Klasse vorführen könnt.

Aufgabe
Stellt euch die Szene aus dem „Feuervogel" vor, als die versteinerten Menschen wieder zum Leben erwachen. Der böse Spuk ist vorbei und in einer friedlichen Atmosphäre werden die Steine lebendig und zu Menschen.

Musiker: Das Notenbeispiel ist aus dem „Feuervogel". Spielt es auf verschiedenen Instrumenten. Für den langen Bordunton eignet sich ein Cello oder ein tiefes Blasinstrument. Das Ostinato (gleichbleibende Begleitfigur) kann auf dem Klavier oder einem Xylophon gespielt werden. Die Melodie auf einer Violine oder einer Flöte. Übrigens, das Stück ist langsam (Andante) zu spielen und darf bei Bedarf auch etwas vereinfacht werden!

Tänzer: Stellt euch vor, ihr seid Skulpturen, die ganz allmählich lebendig werden. Die Freude über das wieder erlangte Leben äußert sich in einem kleinen Tanz. Denkt euch Bewegungen aus, die zu einem ruhigen Wiegenlied (4/4-Takt) passen könnten.

Sprecher: Schreibt einen Text, der die Geschehnisse zusammenfasst. Ihr dürft dabei auch etwas fantasieren. Er kann in Gedichtform stehen, oder wie ein kleines Hörspiel sein. Lest anschließend euren Text mit verteilten Rollen.

© Schott Musik International, Mainz

Station 9

Collage für Rhythmusinstrumente

Igor Strawinsky ist dafür bekannt, dass er mit ungewöhnlichen Rhythmen experimentierte. Seine Werke sind von einer ausdrucksvollen Rhythmik geprägt. Ein Spezialität von ihm sind ständig wechselnde Taktarten. Das könnt ihr gut an den hier abgebildeten Noten aus Strawinskys Stück „Das Frühlingsopfer" sehen.

Igor Strawinsky

© 1921 Ed. Russe de Musique.
1947 to Boosey & Hawkes Inc. for all countries

Station 9

Aufgabe

Versucht nun selbst aus unterschiedlichen Rhythmen ein Stück zu spielen. Ihr seht verschiedene rhythmische Motive in verschiedenen Taktarten. Schneidet sie aus und kombiniert sie nach euren Vorstellungen. Teilt jedem von euch bestimmte Motive und ein Rhythmusinstrument zu. Übt erst jedes Motiv einzeln, versucht dann die Motive zu einem ganzen Stück zusammenzufügen. Es gibt mehrere Möglichkeiten: Ihr könnt die Motive nacheinander, gleichzeitig oder versetzt spielen, sie ein oder mehrmals wiederholen.
Probiert einfach mal aus, was euch am besten gefällt!

Zum Ausschneiden

Thum-Gabler: Strawinsky

Station 10

„Karawane" – Ein Gedicht wird lebendig

Expressionistische Werke entstanden nicht nur in der Malerei und der Musik, sondern auch in der Literatur, vor allem in der Lyrik (Dichtung). Einige Dichter versuchten, durch den Klang der Sprache „Bilder" zu entwickeln. Obwohl das Gedicht „Karawane" von Hugo Ball keinen bestimmten Inhalt hat, wisst ihr sicher, was damit gemeint ist.

Aufgabe
Sprecht und spielt das Gedicht so, dass es zum Leben erwacht und eine Geschichte erzählt.

```
KARAWANE
jolifanto bambla ô falli bambla
grossiga m'pfa habla horem
égiga goramen
higo bloiko russula huju
hollaka hollala
anlogo bung
blago bung
blago bung
bosso fataka
ü üü ü
schampa wulla wussa ólobo
hej tatta gôrem
eschige zunbada
wulubu ssubudu uluw ssubudu
tumba ba- umf
kusagauma
ba - umf
```

(1917)
Hugo Ball

Station 11

Einen Walzer verfremden mithilfe des Computers

Es gibt viele Möglichkeiten der Verfremdung. Manche Komponisten haben wie Strawinsky unerwartete harmonische oder rhythmische Wendungen in ihre Werke eingebaut. Verfremdung kann aber auch durch andere Experimente erreicht werden: ungewöhnliche Spielweisen, Geräusche, Instrumentierungen usw.

Aufgabe

Versucht nun den Walzer aus „Die Geschichte vom Soldaten" von Strawinsky zu verändern. Dazu braucht ihr einen Computer und das Programm Logic Lugert. Mithilfe des Programms könnt ihr nun die einzelnen Stimmen des Walzers auf verschiedenen Instrumenten spielen lassen. Ihr könnt die Instrumente ändern, indem ihr mit der linken Maustaste länger auf den Namen der Spur klickt:
Dabei dürft ihr Ungewöhnliches ausprobieren. Je ungewöhnlicher die Instrumentierung, desto größer ist der Verfremdungscharakter. Übertragt also die Stimmen, die in der MIDI-Datei vom Klavier gespielt werden, auf Instrumente eurer Wahl.

© Mit freundlicher Genehmigung Edition Wilhelm Hansen, Hamburg

Station 12

Musik als Bild

Aufgabe
Entwerft ein Bild, das eine Collage zum Thema Musik darstellt. Ihr könnt fertige Materialien (Zeitungsausschnitte, Bilder usw.) nehmen, auseinander schneiden und zu einem Bild zusammenfügen.
Lasst euch von dem Hörbeispiel (H 9) inspirieren!

Eine Collage von Hannah Höch, um 1920; © VG Bild-Kunst, Bonn 2002

Lösungen zu den Pflichtaufgaben „Strawinsky"

Station 1

1929	F	E	R	N	S	E	H	E	R				
C	O	M	P	U	T	E	R						1936
1903	M	O	T	O	R	F	L	U	G	Z	E	U	G
1928	T	O	N	B	A	N	D	G	E	R	Ä	T	
T	R	I	E	B	W	E	R	K					1930
1929		P	E	N	I	C	I	L	L	I	N		
1919			T	O	N	F	I	L	M				
1900	L	U	F	T	S	C	H	I	F	F			
1937			R	A	K	E	T	E	N	A	N	T	R	I	E	B
1938				N	Y	L	O	N					

Lösungswort: Strawinsky

Station 2

a) Figuren: eckig, geometrisch, zerstückelt, fantasievoll, hell – dunkel; Ausdruck: unwirklich, düster, roboterhaft ...
b) Musik: zerschnitten, dissonant, geräuschhaft, extreme Lautstärken, wechselnde Taktarten, unregelmäßige Rhythmik ...
c) Expressionismus: Eine wichtige künstlerische Stilepoche des beginnenden 20. Jahrhunderts wird als Expressionismus (lat. expressio = Ausdruck) bezeichnet. Schriftsteller, bildende Künstler, wie zum Beispiel Pablo Picasso, und Komponisten haben auf die Technisierung der Umwelt reagiert und in ihren Werken nach neuen Ausdrucksmöglichkeiten gesucht. Dabei experimentierten sie mit den verschiedensten Mitteln.

Station 3

Zum Leben Igor Strawinskys:

1882
Igor Feodorowitsch Strawinsky wird in Oranienbaum bei St. Petersburg geboren. Sein Vater war ein bedeutender Sänger an der Kasierlichen Oper.

ab 1897
Studium der Rechtswissenschaften in St. Petersburg

ab 1903
Musikstudium in St. Petersburg

ab 1908
Strawinsky beginnt, für das „Russische Ballett" von Sergej Diaghilew zu komponieren. Es entstehen unter anderem die Ballette „Der Feuervogel" (1910), „Petruschka" (1911) und „Das Frühlingsopfer" (1913).

1910–1920
Aufenthalt in der Schweiz. Strawinsky kehrt nach der Russischen Revolution nicht mehr in seine Heimat zurück.

1913
Die Uraufführung des Balletts „Das Frühlingsopfer" in Paris verursacht einen der größten Theaterskandale.

1920–1922
Die Uraufführungen des Balletts „Pulcinella" (1920) und der Oper „Mavra" (1922) in Paris zeigen Strawinskys neuen Stil: den Neoklassizismus.

1923
Wohnsitz in Nizza

1934
Wohnsitz in Paris; Strawinsky erhält die französische Staatsbürgerschaft

1939
Nach der Besetzung Frankreichs durch die Nationalsozialisten lässt er sich in den USA nieder.

1962
Strawinsky besucht nach Jahren erstmals wieder Russland.

1967
Verleihung der Ehrendoktorwürde der Rutgers-Universität in New Jersey / USA.

1971
Am 6. April stirbt Igor Strawinsky in New York und wird in Venedig beigesetzt.

Werke (Auswahl):
„Der Feuervogel", „Das Frühlingsopfer", „Petruschka, „Pulcinella", „Die Geschichte vom Soldaten", „Oedipus Rex", „The Rake's Progress", „Mavra", Konzert in Es „Dumbarton Oaks", „Zirkuspolka"

Station 4

H 1 – Bild 2
H 2 – Bild 1
H 2 ist von Strawinsky. Strawinsky komponierte für das „Russische Ballett", das einen neuen, sehr ausdrucksstarken Tanzstil entwickelte. H 2 ist sehr rhythmisch und besitzt einen eigenwilligen Charakter und trägt damit dem Ausdruckswillen des Russischen Balletts Rechnung.

Station 6

a) Es ist schockierend, dass ein Mensch geopfert werden soll. Die Musik wirkt in vielen Bereichen fremd: ungewöhnliche Rhythmen, spannungsreiche Harmonien und zum Teil wird auf den Instrumenten auf ungewöhnliche, neue Weise gespielt. Später gewöhnte sich das Publikum an das Neuartige von Strawinskys Musik und verstand, was der Komponist ausdrücken wollte.
b) Schmücken des Maibaums, Tanz um den Maibaum, Ostern (entstanden aus dem alten heidnischen Frühlingsfest)

Station 6/2

a) zum Beispiel: 2/4, 4/4, 3/4, 6/8, 9/8, 2/2
b) 3/16, 2/16, 2/8, 5/16
c) Die Töne von unten nach oben gelesen: cis, d, es, fis, a, c. Dissonant klingen cis zu d, d zu es, es zu a, cis zu c; Intervalle: kleine Sekunden, Tritonus es/a.

Station 7

„Gavotte" aus „Pulcinella": Neoklassizismus; als Modell diente ein Tanz, der hauptsächlich im Barock, aber auch in der Klassik gespielt und getanzt wurde.
„Walzer" aus „Die Geschichte vom Soldaten": Verfremdung; Melodie und Begleitung scheinen nicht immer zueinander zu passen.

Station 5

Beispiel 1: Der nächtliche Reigen der Prinzessinnen

Beispiel 2: Der Zauberer Kastschei

Beispiel 3: Tanz des Feuervogels

Inhalt der Hybrid-CD

H 1	Ottorino Respighi: Italiana (aus „Suite Nr. 3") National Symphony Orchestra of Ireland, Rio Saccani (p) 1996 HNH International Ltd.	2:44
H 2	Igor Strawinsky: Jahrmarktszene aus „Petruschka" London Symphony Orchestra, Charles Dutoit (p) 1977 Polydor International GmbH, Hamburg	3:02
H 3	Igor Strawinsky: „Tanz des Feuervogels" aus „Der Feuervogel" The Columbia Symphony Orchestra, Igor Strawinsky (p) 1962 CBS Records	1:18
H 4	Igor Strawinsky: „Reigen der Prinzessinnen" aus „Der Feuervogel" Radio-Symphonie-Orchester Berlin, Lorin Maazel (p) 1958 Polydor International GmbH, Hamburg	5:33
H 5	Igor Strawinsky: „Höllentanz" aus „Der Feuervogel" Radio-Symphonie-Orchester Berlin, Lorin Maazel (p) 1958 Polydor International GmbH, Hamburg	3:56
H 6	Igor Strawinsky: „Tanz für die Erde" aus „Das Frühlingsopfer" Berliner Philharmoniker, Herbert v. Karajan (p) 1977 Polydor International GmbH, Hamburg	1:13
H 7	Igor Strawinsky: Gavotte (Ausschnitt) aus der „Pulcinella-Suite" Academie of St. Martin in the Fields, Sir Neville Marriner (p) 1968 The Decca Record Company Ltd, London	1:36
H 8	Igor Strawinsky: Walzer aus „Die Geschichte vom Soldaten" ensemble incanto (p) 1997 Radio Bremen/BMG	1:54
H 9	Igor Strawinsky: Zirkuspolka. Komponiert für einen jungen Elefanten Berliner Philharmoniker, Herbert v. Karajan (p) 1972 Polydor International GmbH, Hamburg	3:44

auf dem Datenteil:

Walzer.mid Igor Strawinsky: Walzer aus „Die Geschichte vom Soldaten"	MIDI- / Logic-Datei
Logic Lugert Edition (PC und MAC)	Programm

Das Heft und die CD sind gemäß §46 UrhG hergestellt und ausschließlich für den Schulunterricht bestimmt!